ВІКТОР ВОЛКЕР

Котик Узик та його друзі

ПРИГОДИ НА ЗАЛІЗНИЦІ

ЕЛЕКТРОПОЇЗД, ЯКИЙ ЗАСНУВ

Чудеса навколо нас

УДК 821.161.2’-06-343-93
В67

Художники *Оксана Розман, Катерина Семьонова*

Волкер, Віктор.

В67 Котик Узик та його друзі. Пригоди на залізниці. Електропоїзд, який заснув / Віктор Волкер ; худ. О. Розман, К. Семьонова. — Київ : СПЕЙС ВАН, 2021. — 48 с. : іл.

ISBN 978-617-7999-06-4

І діти, і дорослі знають, що кожна людина має свого ангела-охоронця, який завжди оберігає її та застерігає від поганих вчинків. Проте не всім відомо, що і кожна річ має свої талісмани. Хтось у це вірить, хтось — ні. Але той, хто має добре й щире серце, іноді може бачити ці талісмани.

УДК 821.161.2’-06-343-93

Літературно-художнє видання

Волкер Віктор

Котик Узик та його друзі

Пригоди на залізниці. Електропоїзд, який заснув

Коректор *Ю. Дворецька*
Художник *О. Розман, К. Семьонова*
Верстка *Ю. Дворецька*
Відповідальний за випуск *В. Волкер*

Підписано до друку 05.06.2021
Формат 84х108/16. Гарнітура Comic Sans
Папір крейдований. Друк офсетний.
Ум. друк. арк. 5,04. Наклад 11200 прим.

Видавництво «СПЕЙС ВАН»
Свідоцтво про внесення до Державного реєстру видавців
ДК № 7056 від 18.05.2020
04070, м. Київ, вул. Іллінська, 8
+38 (063) 677-64-16, space-one@ukr.net

ISBN 978-617-7999-06-4

Залізниця — це не лише швидкісні пасажирські або потужні вантажні потяги, які подорожують на великі відстані. Часом люди подорожують і зовсім недалеко — наприклад, за місто, куди їх швиденько довезе електропоїзд.

Саме у такому транспорті з нашими друзями і сталася ця пригода...

Веселе весняне сонечко радісно сяяло, і сонячні зайчики розбігалися в усі боки по блискучій від роси траві. Дружно щебетали пташки, і свіжий

вітерець торкався пелюсток золотистих кульбабок. Жовтих, рожевих, блакитних польових квітів було так багато, що трава нагадувала барвисту вишиванку.

— Прекрасний день! — захоплено вигукнула жабка Розумничка.

Вона, як і інші, визирала у вікно електропоїзда, який прямував тепер через зелені луки за місто.

— Так, справді чудово! — замріяно вигукнув песик Кмітливчик.

— Природа завжди красива, особливо — навесні. Тепер я розумію, чому наш друг кролик Мудрик живе на високій зеленій горі! — усміхнувся котик Узик.

— А ми їдемо до нього в гості! От він зрадіє! — замахав крильцями горобчик Вітерець.

У всіх був хороший настрій. Навіть кротик Похмурчик, який сонячну погоду не дуже полюбляв, тепер задоволено мружився та насолоджувався теплим вітерцем, що приносив через вікно аромати квітів.

І ніхто навіть не здогадувався, що в тамбурі наступного вагона причаїлася інша компанія — Залізяка Бука зі своїми посіпаками. Та, на відміну від друзів, їхні наміри були не такими мирними.

Електропоїзд якраз зупинився, щоб пасажири змогли вийти.

— Босе, а що ми тут робимо? — запитала викрутка Злодійка, визираючи у відкриті двері.

«Обережно, двері зачиняються!» — пролунало із гучномовця, але викрутка і не думала послухатися, а й далі визирала. Тож коли двері самі собою закрилися, її ніс лишився затиснутим між ними.

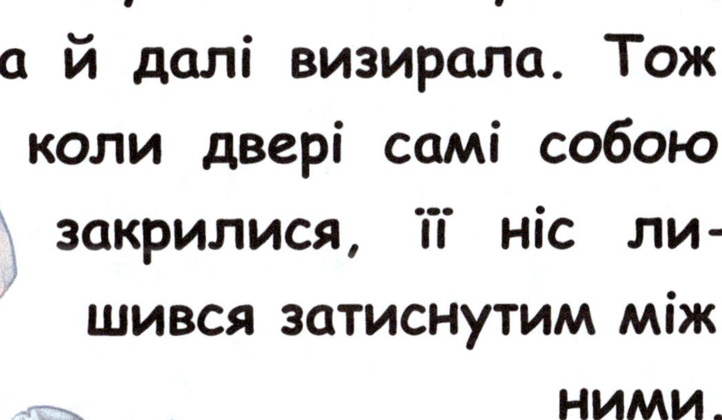

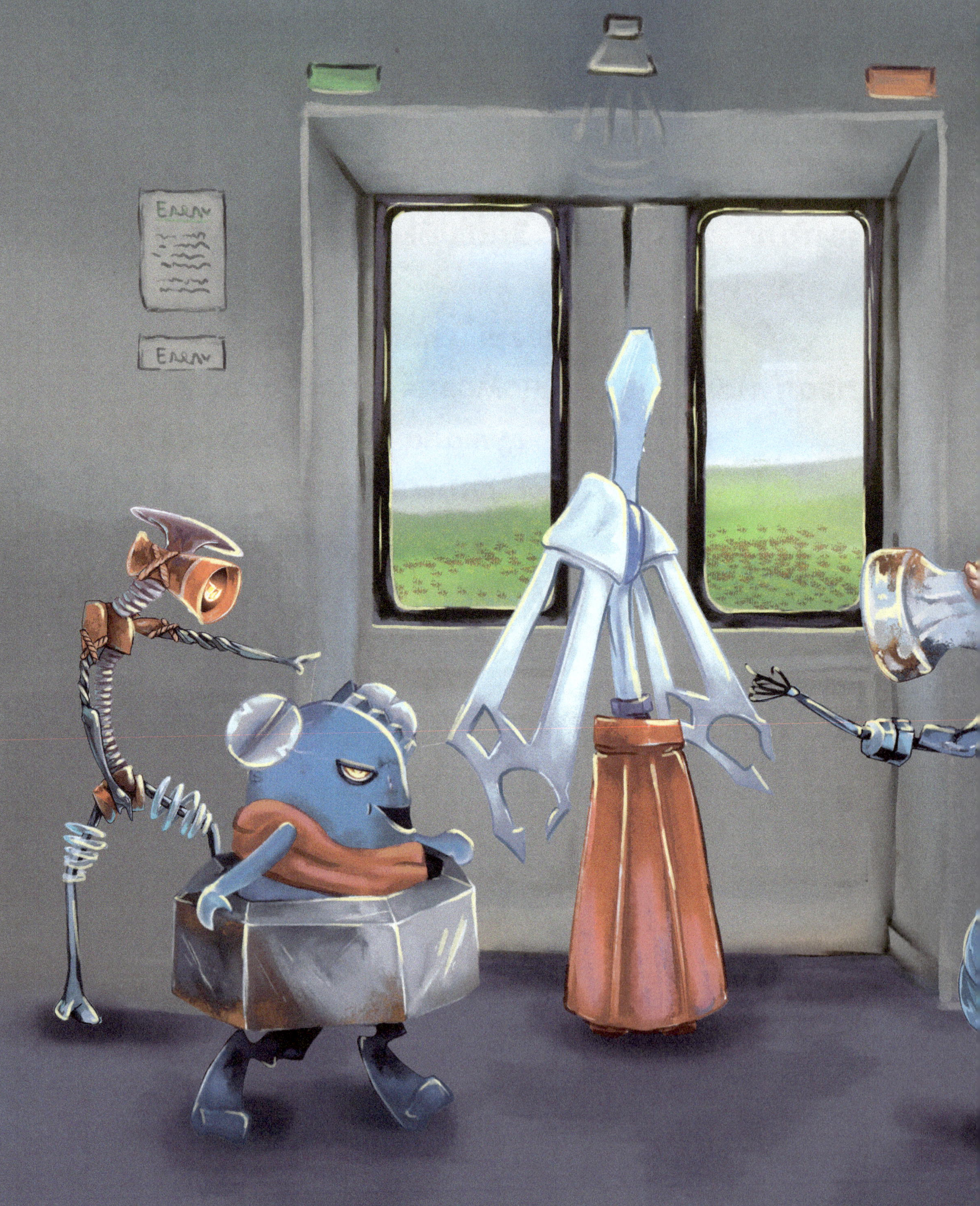

— Ой-ой, ці двері напали на мене! — закричала Злодійка.

Гайка Буркотунка тільки розсміялася, спостерігаючи, як викрутка намагається звільнитися.

— Так тобі й треба! Будеш знати, як всюди пхати свого довгого носа!

Викрутка нарешті звільнилася й одразу ж побігла за гайкою, щоб надавати їй стусанів.

— Рятуйте! — заверещала тепер уже гайка, намагаючись утекти, однак решта ватаги не поспішала їй на допомогу, а молоток здивовано роздивлявся двері, які було затисли викрутку.

— Це якісь зачаровані двері! Вони самі ледве не відкусили Злодійці носа, —

пробурмотів Тяп-Ляп, про всяк випадок відступаючи від дверей якомога далі. — Чого доброго, зараз і мене піймають...

— Відразу помітно, що ваші залізні голови геть порожні! — зверхньо насміхався зі своїх підлеглих Залізяка Бука, який досі уважно розглядав щось угорі. — Ці двері ніякі не зачаровані, вони — автоматичні. Тобто самі закриваються і відкриваються, без сторонньої допомоги.

— О, то вони звичайні? — відразу посміливішав молоток. — Босе, давайте тоді ми їх зламаємо!

— Так-так, зламаємо! — закричали в один голос гвинтик Ледащо і викрутка.

Вона так зраділа новому лиходійству, що навіть забула про гайку, за якою бігла, і з розбігу налетіла на неї, та так, що обидві з гуркотом покотилися просто під ноги своєму командирові.

— Фу, які дріб'язкові! — скривився Залізяка. — І не соромно вам бути злодіями?

Гайка і викрутка, які вже швиденько підвелися, опустили додолу свої хитрі очиці, вдаючи, що їм соромно.

— Навіщо ламати двері? Ми зламаємо увесь електропоїзд!

— Так-так, чудово! — зраділи інші лиходії і, взявшись за руки, почали бігати навколо свого шефа.

— Я навіть знаю, як ми це зробимо! — викрикнув молоток Тяп-Ляп, який дуже полюбляв вихвалятися перед іншими.

— Невже? — криво посміхнувся бос і підійшов ближче до молотка.

Його маленькі лампочки-очі зловісно поблискували.

Не дочекавшись відповіді, Залізяка Бука ухопив молотка за ноги і тріснув ним об залізні дверцята над головою. Від удару вони відкрилися, а за ними виявилося усіляке електронне обладнання.

Бум, бац, хрясь! Тільки блакитні іскри полетіли в усі боки.

— От що значить — працювати головою! — і тут знайшов за що себе похвалити молоток-хвалько.

Електропоїзд раптом смикнувся, його колеса жалібно заскрипіли, а злодії від раптової зупинки розлетілися в усі боки. Електричка зупинилася просто посеред поля...

Від раптової зупинки котик та його друзі, що досі собі спокійно відпочивали, теж розлетілися врізнобіч.

— Ой-ой! — вигукнула жабка Розумничка.

Вона була найменша, і тому найлегша, то й опинилася аж на іншому сидінні.

— Що сталося? — песик Кмітливчик визирнув у вікно. — Чому це ми зупинилися?

— Заждіть, я злітаю на розвідку! — хоробро цвірінькнув горобчик Вітерець і вилетів у відкрите вікно.

Чекати його друзям довелося недовго — за кілька хвилин горобчик з'явився і тільки розгублено похитав головою.

— Я не розумію, що сталося — з рейками усе добре. Поїзд просто зупинився і не хоче їхати далі. Може, він стомився і заснув?

— Ні, поїзди не лягають спати, — заперечив котик. — Тут щось інше...

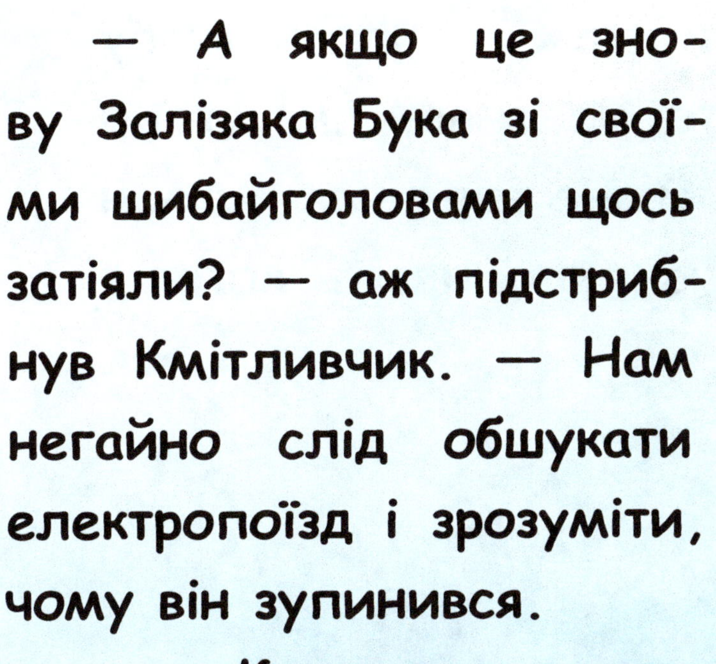

— А якщо це знову Залізяка Бука зі своїми шибайголовами щось затіяли? — аж підстрибнув Кмітливчик. — Нам негайно слід обшукати електропоїзд і зрозуміти, чому він зупинився.

— Командо, вперед! — вигукнув Узик, і друзі побігли шукати відповідь: що сталося з електричкою та як це виправити.

Інші пасажири теж почали турбуватися, адже ніхто не знав, що сталося. Однак ніхто й не помічав команду маленьких рятівників, навіть коли ті

пробігали зовсім поруч, бо талісманів залізниці може побачити не кожен. Тільки двоє рум'яних рудих близнюків, які сиділи біля бабусі, побачивши Узика, котрий стрибав по спинках сидінь, помахали йому руками.

Котик на хвильку зупинився, теж привітався з малечею — і побіг наздоганяти свою команду.

Та як не старалися наші маленькі друзі, їх спіткала невдача: ні залізних розбишак, ні причини зупинки електропоїзда вони не знайшли.

— Це якась загадка, — сумно похитав головою песик Кмітливчик. — Тільки от розгадку ми не знайшли...

— Ква-ква, що ж робити? — розпачливо сплеснула лапками жабка. — Тепер усі ці люди не потраплять додому чи в гості, куди вони їхали... А поїзд так і залишиться стояти тут, і ніхто не врятує його!

— Командо, годі панікувати! — скомандував Узик і вистрибнув на спинку сидіння.

Вогонь на його пухнастій голівці з помаранчево-червоного зробився блакитним — як завжди, коли ватажок команди рятівників налаштований рішуче.

— Невдачі трапляються у всіх, але справжні герої мають не боятися їх, а діяти далі! Хто допоможе усім цим людям, якщо ми здамося?

— Ні, ми не здамося! — загукали разом кротик, собачка, горобчик і жабка.

— Командо, вперед!

Друзі вигукнули своє гасло й знову повернули собі рішучість. Тепер потрібно було вирішити, як діяти далі.

— Давайте подумаємо — що ми робимо, коли не можемо розв'язати якусь задачу? — замислився Кмітливчик. — Де ми шукаємо відповідь?

— У кролика Мудрика! Адже він — дуже розумний! — аж підстрибнула жабка.

— Правильно, потрібно йти до кролика! — погодилися інші.

— Але ж поки ми дістанемося на високу гору, де він живе, і повернемося назад, мине багато часу... — почухав потилицю кротик Похмурчик.

У нього були коротенькі лапки, і бігати він не дуже любив.

— Правильно, тому потрібно відправити до кролика найшвидшого з нас! — вирішив Узик, і всі подивилися на горобчика.

Горобчик Вітерець дійсно був найшвидшим з команди, адже він не тільки літав, а й міг використовувати для добрих справ силу вітру.

Кожен з друзів мав якусь надзвичайну здібність, проте ніхто не вихвалявся своїми талантами, як це робили лиходії.

Ось і зараз горобчик, замість запишатися, тільки зрадів такій довірі своїх друзів.

— Так, я миттю злітаю до кролика і дізнаюся, чому міг зупинитися електропоїзд, — погодився він.

— Добре, тоді поспішай, а ми ще раз оглянемо усі закутки й спробуємо знайти ватагу Залізяки Буки — це напевне їхні витівки! — сказав котик Узик.

Решта команди поспішила на пошуки лиходіїв, а маленький горобчик вилетів у відчинене вікно та хоробро ринувся уперед. Він розправив свої крильця й покликав силу вітру. Відразу ж чарівний потік підхопив його і поніс уперед, немов пушинку. Горобчик тільки встигав помічати, як унизу під ним пролітають зелені крони розлогих дерев, мов кольорова стрічка, зливаються в один візерунок яскраві польові квіти і пролітають угорі біленькі пухнасті хмари на блакитному небі.

Чарівний вітер миттю домчав сміливого Вітерця до високої зеленої гори, що була домом для кролика Мудрика, який славився своєю розсудливістю і кмітливістю. Він ще здаля побачив горобчика, адже вже чекав на своїх гостей, які несподівано забарилися.

— Привіт, кролику Мудрику! — ще згори вигукнув горобчик, знижуючись просто біля кролика.

Поряд з пухнастим, із довгими вухами Мудриком пернатий виглядав зовсім крихітним.

— Привіт, горобчику! — зрадів кролик. — Я дуже радий тебе бачити! А де інші? Невже вони не захотіли завітати до мене в гості? — відразу посумнішав пухнастий.

— Ще й як захотіли! — замахав крилами горобчик. — З нами дорогою трапилася дивна історія...

І горобчик розповів приятелеві про електропоїзд, який раптом «заснув» у полі, і про їхні невдалі спроби якось зарадити цій біді. Розумний кролик почухав вухо, подумав ще трохи і розсудив так:

— Електричка не може зупинитися сама — тут постаралися лиходії. Мабуть, вони вимкнули електричне живлення. А без живлення електропоїзд не побіжить!

— Що ж нам робити? Де шукати це електроживлення? — розгубився горобчик Вітерець.

— На залізниці, щоб люди швидше могли знайти потрібне, використовують спеціальні знаки-символи, — пояснив розумний кролик. — Тобі теж багато разів доводилося їх бачити. А деякі з цих знаків ще й означають небезпеку — як, наприклад, жовтий трикутник зі стрілкою-блискавкою. Це і є символ електричного

струму. А ще він означає, що людям нізащо не можна близько підходити чи відкривати те, на чому є такий знак, — це дуже небезпечно!

— Але ж нам, талісманам, такі речі не можуть зашкодити, — зрадів горобчик.

— Так, вірно, — погодився кролик.— І саме тому ви можете відремонтувати поїзд! Потрібно знайти дверцята з таким знаком і перевірити, чи все там працює.

— Ой, кролику, тільки ж електропоїзд такий великий! Поки ми усе перевіримо, мине багато часу, і всі пасажири можуть запізнитися! — засумнівався Вітерець.

Кролик Мудрик ще раз почухав вухо, трохи пострибав на місці, щоб краще думалося, і дав горобчикові таку пораду:

— А тут вам може стати у пригоді арифметика! Порахуйте, скільки вагонів у електропоїзді та скільки чарівних талісманів у команді. Розділіть кількість вагонів на кількість рятівників і дізнаєтеся, скільки потрібно

перевірити кожному з вас, та беріться до справи! Так вам знадобиться значно менше часу.

— Ура! — радісно цвірінькнув Вітерець. — Дякую тобі, Мудрику, за розумні поради!

Тепер я негайно повертаюся до своїх друзів і розповім їм, як ми можемо розбудити поїзд!

— Поспішай! Успіху вам! — помахав йому лапкою кролик, а горобчик знову на крилах вітру помчав до електрички, щоб передати кроликові підказки своїй команді.

Тим часом Залізяка Бука та його лиходії гріли свої залізні боки під теплим сонечком. Вони примостилися у траві обабіч залізничного полотна й спостерігали за поїздом.

— Як приємно підглядати, як ці противні талісмани сновигають туди-сюди й нічого не можуть зробити! — зловтішався Залізяка Бука.

— Так, шефе, дуже приємно! — підтакнув улесливий молоток.

— Вони ніколи не знайдуть, де ми влаштували аварію! — і собі захихотіла гайка Буркотунка, яка дуже раділа, коли інші потрапляли у біду.

— Цей поїзд стоятиме тут вічно! — голосно викрикнула викрутка Злодійка, за що одразу отримала на горіхи від свого немилосердного шефа.

— Ану, тихо! Ніхто не повинен нас тут бачити, і чути теж! Нехай шукають... — шикнув на підлеглих сердитий Залізяка.

Та поки лиходії сварилися між собою, вони проґавили горобчика Вітерця, який пролетів просто над ними і гайнув досередини вагона через прочинене вікно.

— Друзі! Ви мали рацію — тут і справді не обійшлося без Залізяки Буки та його злодіїв, щойно я їх бачив, — крикнув горобчик, і вся команда збіглася до нього.

Не гаючи часу, Вітерець поділився порадами Мудрика з іншими.

— Так, це справді чудова ідея — розділитися! — погодився Узик. — А для цього ми маємо розв'язати задачу. Скільки вагонів у поїзді?

— Десять! — вигукнув кротик Похмурчик. — Я добре рахував, поки оббіг їх усі...

— А нас — п'ятеро! — квакнула жабка Розумничка. — Тож потрібно десять поділити на п'ять.

— І вийде два! — зрадів Кмітливчик і аж завертів хвостом від нетерпіння. — Тож замість обійти усі десять вагонів, кожен із нас має перевірити тільки два!

— Що ж, ми розв'язали задачу! І тепер зробимо все у п'ять разів швидше! — і собі зрадів горобчик.

Скориставшись порадами кролика, друзі розділилися та почали шукати дверцята із намальованим на них символом блискавки.

— Здається, я знайшла! — вигукнула жабка, і всі рятівники кинулися до неї.

І справді, за дверцятами з блискавкою безладно в різні боки стирчали пошкоджені дроти.

— Це справа рук Залізяки Буки, — погодився котик Узик, розглядаючи пошкодження.

— Та, мабуть, не рук, тут попрацювали молотком, — пробурчав кротик Похмурчик, і собі розглядаючи місце аварії.

— Не хвилюйтеся, друзі, зараз я спробую все полагодити, — запевнив їх песик Кмітливчик і взявся за роботу. — Адже моя суперсила — це знання усілякої техніки! А знання завжди корисні...

Решта команди теж допомагала Кмітливчикові: хтось подавав порозкидані деталі, хтось ставив на місце кнопки, а Узик своїм вогнем відразу з'єднував докупи розбиті частини. І ось нарешті все зроблено! Тамуючи подих,

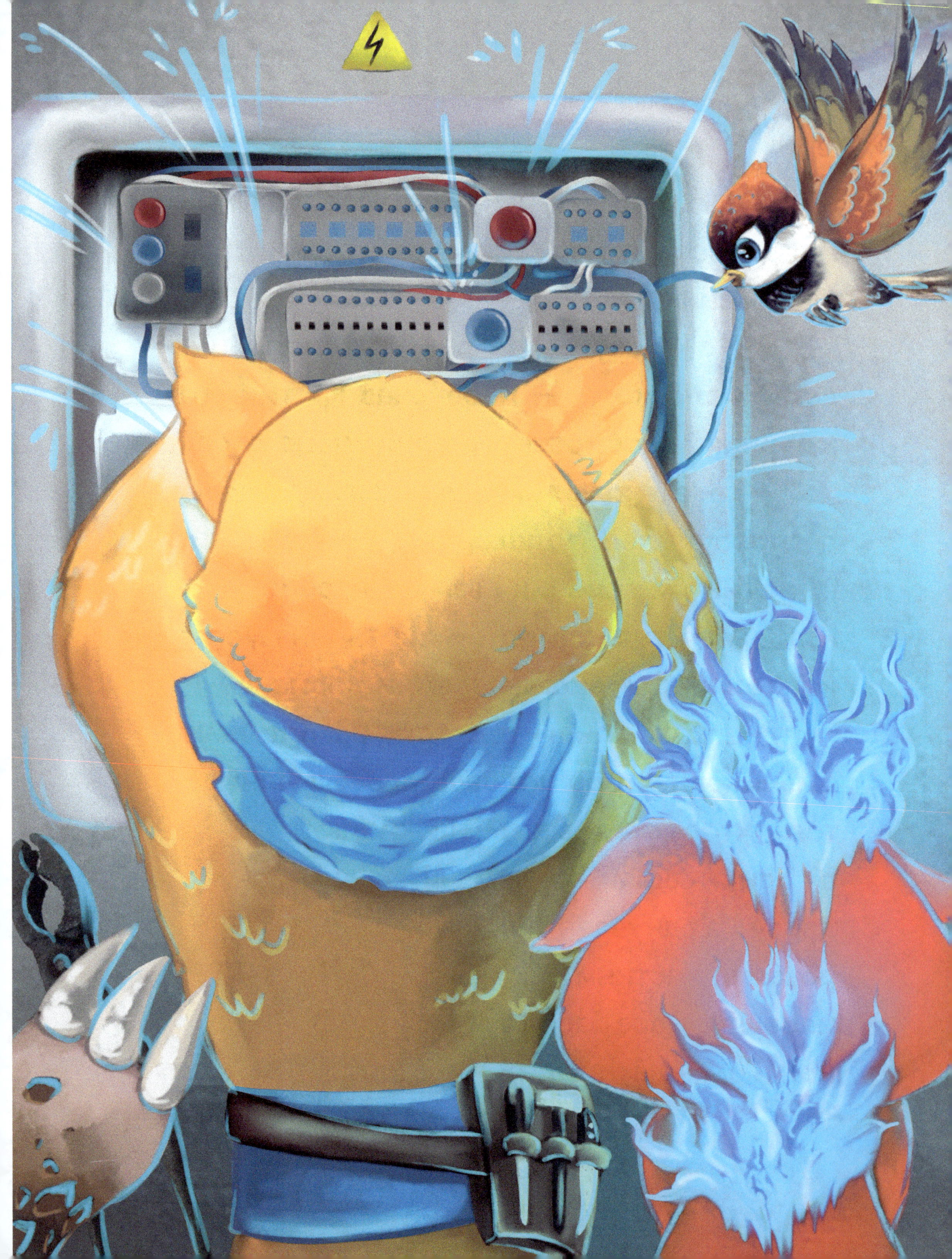

Кмітливчик натиснув найбільшу кнопку... І електричне серце потяга знову ожило!

— Ура! Ми впоралися — закричали рятівники, підстрибуючи від радості.

Ця перемога далася їм нелегко, адже довелося не тільки розгадати загадку хитрих злодіїв, а й повірити в себе та не відступити перед труднощами. І тепер електропоїзд знову набирає швидкість, біжить своєю дорогою. Тож друзі завдяки тому, що діяли разом, встигнуть у гості до кролика Мудрика.

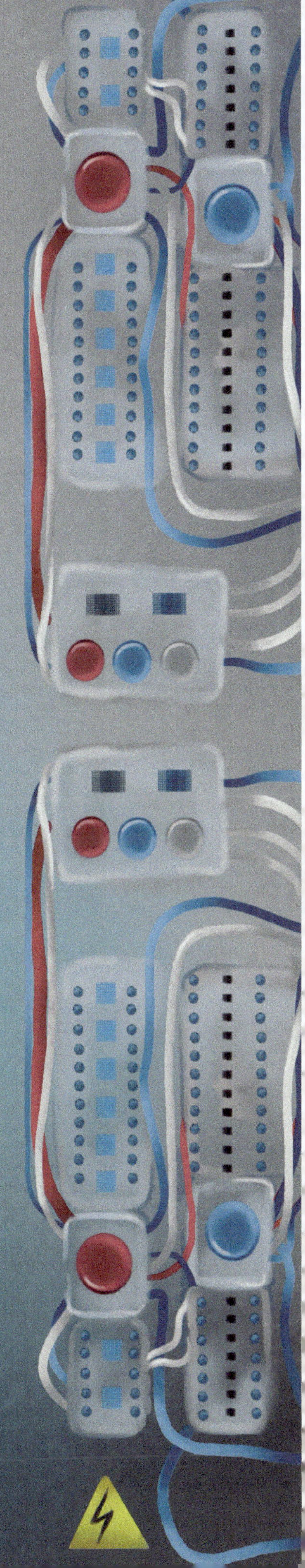

— Так нечесно! Почекайте нас!

— Ану, стійте! Не кидайте нас тут! — безсило махали руками навздогін електричці, що швидко віддалялася, налякані злодії.

Тепер їм доведеться довго йти пішки...

— Кар, кар! Так вам і треба, залізяки противні! — обізвалася зверху ворона, яка увесь цей час сиділа на гілці старого клена і з цікавістю спостерігала за всім, що тут відбувалося.

— Не роби зла іншим, бо воно обов'язково повернеться до тебе, — повчально каркнула вона і полетіла геть, лишаючи похнюплених розбишак кульгати услід за електричкою, яку їм уже не наздогнати.

Далі буде...

www.ingramcontent.com/pod-product-compliance
Lightning Source LLC
LaVergne TN
LVHW081758240826
846425LV00004B/21

* 9 7 8 6 1 7 7 9 9 9 0 6 4 *